a ci-devant remarqué, la Dame Dauzy n'a aucun bien que les bienfaits du Sieur de Melliant par leur focieté: c'est pourquoy si la Dame Dauzy a reconnu que les remises étoient au Sieur de Melliant & qu'il lui en faisoit don, elle ne l'a fait que par de justes raisons d'interests & de verité, d'interests parce que si les creanciers avoient crû que les remises eussent été faites en faveur de la Demoiselle d'Ingrande, ils n'auroient plus fait de remises, & auroient attendu qu'elle eut été en possession de quelque bien pour se faire païer de leur dû à l'entier, & les auroient fait saisir entre les mains du Sieur de Melliant, parce qu'elle est nommement obligée à tous les derniers creanciers, & ainsi l'auroient réduite à son premier état ; la verité étoit aussi qu'elles appartenoient au Sieur de Melliant, parce qu'il est tres vray que les remises qu'ont fait les creanciers, ils ne les ont point fait en consideration de la Demoiselle d'Ingrande, mais en consideration des païemens que leur a fait le Sieur de Melliant, dans la crainte de perdre davantage sur leurs creances, car elle doit avoüer qu'ils n'auroient point fait de remises sans argent comptant, & même il y en a plus en faveur & au nom du Sieur de Melliant qu'en celui de la Demoiselle d'Ingrande, & par consequent on peut dire avec verité qu'elles appartenoient au Sieur de Melliant, qui les a obtenuës de tous lesdits creanciers, & en a fait don à la Demoiselle d'Ingrande aux conditions portées par ledit Ecrit, sans lesquelles il n'auroit paié aucun creancier, ni risqué son bien sans prendre des seuretés pour se le conserver, & prevenir toutes les chicannes d'un mari ou heritiers. On peut donc dire que bien loin que cette reconnoissance faite par ladite Demoiselle d'Ingrande lui soit nuisible, qu'elle est au contraire pour son avantage, & dans la verité c'est pourquoy il y a bien de l'imprudence à elle & à son conseil d'en demander aujourd'hui la cassation, puisque ses creanciers en tireront tout l'avantage à sa perte, ainsi quel aveuglement à la Dame Dauzy dans cet endroit.

La Dame Dauzy ne souffre pas plus de lézion dans la renonciation qu'elle fait de tous ses droits, creances, & prétentions sur la Terre d'Ingrande en faveur du Sieur de Melliant, parce que toutes ces creances ne sont qu'imaginaires, puisque toutes les dettes qu'elle a païées elle y étoit personnellement obligée, & qu'il y avoit plus de 60000. livres de dettes que de bien, & tous ses autres droits, elle ne les a eû que par les soins du Sieur de Melliant, comme il est bien justifié, dont elle tire tout l'avantage qu'elle pouvoit espérer, parce que le Sieur de Melliant sans cette renonciation ne lui auroit fait avoir aucune remise, & l'auroit laissée dans son premier état à n'avoir pas du pain, & par cette raison n'auroit point la joüissance desdites remises, & le revenant bon de sa Terre pendant sa vie si elle n'a point d'enfans, & la proprieté entiere à elle & à ses enfans si elle en a qui la survivent, ce qui lui a procuré un heureux établissement par un agreable mariage selon sa qualité ; quoy donc de plus avantageux pour la Dame Dauzy, & que pouvoit faire de plus le Sieur de Melliant pour son service ; où est donc la lézion du tout en tout que souffre la Dame Dauzy pour se faire restituer ? puisque au contraire cet Ecrit lui procure du tout au tout ce qu'elle pouvoit espérer de Bien : A quel dessein le demande-elle donc par des suppositions, injures & calomnies envers son bienfacteur ? si ce n'est pas un malin esprit & plein d'ingratitude, pour rendre le mal pour le bien, en obtenant des Lettres d'Etat aprés la recision de cet Ecrit, pour joüir de sa Terre, & en faire joüir à un mari donataire, ou à des heritiers chicanneurs, à la perte & à la ruine du Sieur de Melliant & de sa famille, en lui faisant des Procés tels que lui font aujourd'hui les Sieur & Dame Dauzy, le Sieur de Melliant supplie la Cour d'en arrêter le cours par la justice qu'elle aura la bonté de lui rendre, en lui adjugeant ses fins & conclusions prises au Procés, & en défendant à la Dame Dauzy d'user de telles voïes à l'avenir, avec dépens.

Monsieur DE *MORILLON*, *R*apporteur.

HOURDAULT, Procureur.

1,892

29 août 1738 Sentence sur les conclusions du procureur du Roy de l'amirauté, par laquelle

MEMOIRE,

POUR JEAN BOUCAUX, Negre, Demandeur.

CONTRE le Sieur VERDELIN, Défendeur.

QUEL spectacle pour la France! Un de ses Nourissons vient attaquer le plus sacré de ses droits, cette prérogative éminente de liberté qui nous est assurée par des monumens si autentiques & si respectables.

Le cœur humain éclairé du flambeau du Christianisme, n'a pû se familiariser avec cet esclavage qui regnoit autrefois en France; la qualité de Très-Chrétiens que nos Rois ont plus estimée que toutes les autres. Tels sont les fondemens de la liberté des François. Elle n'a encore reçû aucune atteinte. Faut-il que ce soit un François qui lui porte le premier coup; & sur tout un François favorisé des bienfaits du Prince. Que d'attentats! quelle ingratitude!

Mais foible tentative, qui ne peut avoir d'autre issuë que de faire confirmer les privileges & les avantages de la Nation, qui se trouvent aujourd'hui compromis. Douter si en France un homme est libre, si un Esclave acquiert sa liberté par son entrée en France, c'est attaquer l'autorité souveraine de nos Rois, & faire injure à la Nation.

Qui eut pensé que cela pût jamais faire la matiere d'un problême! Mais puisque l'on force le combat sur une pareille question, il faut donc retracer ici l'origine de l'Esclavage, son progrès en France, & la gradation du triomphe de la Liberté au point où nous la conservons depuis plus de 500 ans.

TOUS LES HOMMES naissent libres; dans le commencement ils n'avoient qu'un nom, qu'une condition; la nature les avoit fait tous égaux; mais ils ne conserverent pas long-tems cette liberté naturelle: l'ambition s'empara de leur cœur; ils eurent envie de s'agrandir; l'injustice les excita à faire usage du droit des armes pour satisfaire leur cupidité; ceux que la fortune favorisa & qu'elle laissa dans l'état où la nature les avoit créés, furent appellés libres; ceux au contraire que la foiblesse & l'infortune assujettirent aux vainqueurs, furent nommés Esclaves, & les Philosophes ne craignoient pas de regarder comme une charité la conduite de ce vainqueur, qui de son vaincu en faisoit son esclave, au lieu de lui arracher la vie.

A

La loi du plus fort, la force & la violence, le droit de la guerre injurieux à la nature, voilà ce qui a introduit cet esclavage, qui, à la honte des hommes, a été adopté par presque toutes les Nations, & particulierement par les Romains, qui faisoient consister la meilleure partie de leurs biens & de leurs richesses dans leurs esclaves, dont ils tiroient un profit considerable.

Les Romains ayant conquis les Gaules, ils y laisserent des esclaves qui s'y sont multipliés, & ont duré jusques sous la troisiéme race de nos Rois. On voit que dans le Concile qui fut tenu à Mâcon en 581, il fut ordonné qu'aucun Chrétien ne seroit employé au service des Juifs. Les Capitulaires de Charlemagne apprennent que lorsqu'un Condamné, qui n'avoit pas de quoi se racheter, l'étoit de l'argent d'un Particulier, il se voüoit à son service. Enfin le soulevement arrivé sous le regne de Loüis le Gros, & que les Historiens rapportent, est la preuve de l'esclavage en 1108.

Le pouvoir que les Maîtres avoient sur leurs esclaves étoit très-étendu, il alloit même jusqu'à la cruauté; les Empereurs y pourvûrent, ils firent publier des loix par lesquelles ils adoucirent leurs peines; mais ce petit soulagement ne fit point perdre aux esclaves le desir de reprendre leur premier état; l'esprit de la liberté naît avec l'homme; la nature sçait se faire entendre, les esclaves excités par ses mouvemens se révolterent, leurs soulevemens réïterés allarmerent même les Puissances.

Alors le Christianisme commençoit à s'accrediter, on se desabusa sur cette prétenduë charité Chrétienne de faire de son vaincu un esclave plutôt que de le massacrer; charité qui est plutôt celle du brigand, qui se glorifie d'avoir donné la vie à ceux qu'il n'a pas tués: d'ailleurs le trafic que l'on faisoit des esclaves pour en tirer un vil gain, comme d'une bête, répugnoit à notre Religion. Toutes ces considérations déterminerent les Chrétiens à se relâcher de cette servitude corporelle, ils prirent le parti d'affranchir leurs esclaves.

Les uns connoissant la pureté de notre Religion, voulurent remettre leurs esclaves dans toute leur liberté, & à cet effet ils se servirent des trois sortes d'affranchissemens qui étoient alors en usage en France; la premiere se faisoit en presentant au Roy un denier que l'on appelloit *Præceptum denariale*, & par-là l'esclave affranchi étoit sous la protection du Roy; la seconde, en presentant à l'Eglise un denier que l'on appelloit *in Ecclesia per Chartam*, & cela mettoit l'affranchi sous la protection de l'Eglise; la troisième enfin se faisoit sur la foi d'une Lettre missive, *per Epistolam privatam*, & l'esclave ainsi affranchi étoit libre de se mettre sous la protection du Roy ou de l'Eglise.

Les autres moins éclairés, peut-être aussi plus interessés, ne rendirent la liberté à leurs esclaves qu'en se réservant sur eux de certains droits, qui étoient inconnus chez les Romains, comme le droit de Corvée, le droit de Main-morte; & le nombre de ceux-là fut le plus considérable.

Ce droit de main-morte ressembloit encore à cet esclavage, dont le Christianisme venoit de soulager les François, les Main-mortables étoient exposés à des contradictions opposées à la liberté naturelle; cela donna lieu à une Charte que l'Abbé Sugger Régent du Royaume fit publier en 1141, par laquelle il affranchit tous les gens de Main-morte. A son exemple Humbert Dauphin & Thibaut Comte de Blois rendirent la liberté à tous leurs sujets.

Nos Rois ont cherché à nous conserver ce bien si précieux, & à leur avenement à la Couronne leur premier soin a été de nous le confirmer ; en effet Loüis X, dit le Huttin, donna en 1315 un Edit qui confirma l'affranchissement de tous les gens de Main-morte. Henry II. en fit publier un en 1553, qui contenoit les mêmes dispositions, en considération de la liberté favorisée des suffrages de la nature & du Christianisme ; & s'il s'est conservé des gens de Main-morte dans quelques Provinces du Royaume, ce n'est point par un esprit de cet ancien esclavage ; tous les hommes y sont libres de cette liberté opposée à la servitude corporelle sous laquelle ils gémissoient dans les premiers siécles ; & encore toutes ces sortes de droits extraordinaires ne sont-ils pas si bien établis qu'ils ne puissent recevoir quelqu'atteinte.

Quoiqu'il en soit, depuis 1315 tous les François ont joui paisiblement de la liberté naturelle, le Christianisme & l'autorité souveraine de nos Rois l'ont mise à l'abri de toutes sortes d'entreprises ; & si quelqu'un a été assez téméraire pour en former quelques-unes, les Magistrats dépositaires des volontez du Souverain, & préposés pour en maintenir l'execution, n'ont pas manqué d'en arrêter le cours.

On voit qu'en 1558 le Seigneur de la Rocheblanche en Gascogne prétendant avoir sur ses sujets non-seulement le droit de Main-morte, mais encore celui de les ramener avec un chevestre (c'est une espece d'entrave), lorsqu'ils sortoient de ses Terres sans sa permission ; ce dernier point lui fut refusé au Parlement de Toulouse, comme contraire à la liberté naturelle.

Enfin les François rendus à leur premier état, l'esclavage ainsi détruit en France, ainsi que le droit de Main-morte, la liberté a regné dans ce Roïaume avec tout son éclat, & de telle maniere que dès qu'un esclave y a mis le pied il y acquiert la liberté.

Tous les Auteurs attestent que c'est une maxime du Droit François ; Baudin dans son Traité de la République, M. Lebret dans celui de la Souveraineté des Rois, Loysel dans ses Instituts ; un Auteur moderne remarque que le Christianisme a ôté dans les lieux où il a été reconnu la servitude de corps, ensorte que dès qu'un esclave est entré en France il devient libre, ce qui n'est fondé sur aucune Loi, mais sur un usage qui a passé en force de Loi.

Cet usage est-il en vigueur ? C'est ce dont il n'est pas permis de douter après les circonstances dans lesquelles on a sçû le faire valoir. En effet, Loysel, dans ses Instituts, rapporte que la question fut jugée en 1571, contre un Ambassadeur ; & cependant par le droit des gens toutes les personnes qu'un Ambassadeur améne avec lui, ne changent point d'état quelque part qu'il aille : il y a encore une preuve de l'observation de cet usage dans l'Histoire du Siege de Mets en 1552. Celui qui la rapporte, remarque que Dom Loüis Davila General de la Cavalerie Espagnole, ayant écrit à M. de Guise de lui rendre un esclave qui s'étoit retiré auprès de lui, M. de Guise fit réponse, que la franchise que l'esclave avoit acquise dans la ville de Mets, selon l'ancienne & bonne coutume de France, ne lui permettoit pas de le lui rendre.

Voilà donc deux exemples bien sensibles qui constatent que l'usage attesté par cet Auteur, est inviolablement observé. Il y a plus : il ne faut qu'un raisonnement bien simple pour en convaincre ; car enfin, dès qu'il n'y a point d'esclavage en France, tous les hommes y sont libres ; (il n'y a point d'état entre la liberté & l'esclavage,) il est conséquent que la non-admission de l'esclavage en France est de droit l'affranchissement de l'esclave qui y vient habiter. Pour achever de se persuader de la verité de cette Proposition, il ne faut que consulter les principes de notre Religion, & ses sentimens humains.

On convient que cette maxime du droit public a reçu une exception expliquée dans les motifs des Lettres Patentes portant l'établissement du Commerce dans les Colonies, qui autorisent la traitte des Négres, & qui donnent lieu à l'Edit de 1685 qui la renferme. Pour pouvoir connoître la force de cet Edit & l'effet qu'il peut produire, il faut rappeller ici ce qui lui a donné l'être.

Il s'est présenté plusieurs Compagnies pour former un établissement dans les Isles de l'Amerique, S. Domingue & autres, & y faire un commerce considérable : le Roi pour faciliter cet établissement concede à ces Compagnies toutes les terres incultes de ces Isles, autorise la traitte des Negres qui s'échangent contre des marchandises ; & comme ces Negres sont destinés au défrichement & à la culture des terres, ensemble de toutes les denrées qui y croissent, l'utilité du commerce qui ne se fait dans les Colonies que par le moyen de toutes ces operations, a déterminé le Souverain à donner son Edit en 1685, par lequel en reglant l'administration de la Police sur ses Negres, il regle en même tems leur état & leur condition ; il déroge à cette maxime du Droit François ; il veut que ces Negres restent esclaves, afin de pouvoir mieux les contenir dans l'exercice de leurs travaux qui contribuent tant à rendre le commerce florissant dans le Royaume, & à y entretenir l'abondance.

C'est ainsi que l'Esclavage s'est introduit dans les Colonies ; de maniere qu'en raprochant les dispositions de l'Edit de 1685 des motifs qui ont autorisé l'esclavage, dont il fixe l'étendüe & les conditions, il est certain qu'il ne peut y en avoir en France d'autre, que dans les motifs & dans les conditions qu'il présente ; & de-là il faut conclure, que hors ce cas prévû par la Loi, hors le pays maritime qui est le seul objet de la Loi, cet esclavage cesse, & la liberté reprend tous ses droits ; il n'est permis dans ces pays de conserver ses Negres esclaves, que pour l'utilité du commerce & la culture des terres. Ainsi dès que ces deux motifs ne se rencontrent plus, l'esclavage de droit s'aneantit, parce que la cause particuliere qui l'a autorisé, cesse dans le même instant.

Boucaux esclave dans les Colonies, mais esclave par la force de l'exception renfermée dans l'Edit de 1685, en passant des Colonies en France ; a secoué le joug que cette Loi lui imposoit ; en y entrant par les voyes expliquées dans les Lettres patentes, il a trouvé un obstacle à sa liberté ; mais en quittant le pays maritime, il a franchi ce même obstacle, il a respiré l'air de liberté qui regne dans ce Royaume ; il est donc en état d'appeller à son secours les autorités qu'on vient de rapporter. La Loi qui gênoit sa liberté, se trouve renfermée dans de certaines bornes, au-delà desquelles il n'est pas permis de l'étendre ; dès qu'il a cessé d'être dans le cas de l'exception, il est rentré dans le droit commun, & par-là il a recouvré sa liberté.

Dans cet état de liberté Boucaux a contracté sous les yeux des Ministres de l'Eglise un engagement solemnel ; il s'est donné pour compagne une Françoise de notre Religion. Dès ce même moment il est devenu l'objet de la haine du sieur Verdelin, il a éprouvé des mauvais traitemens les plus caractérisés, & qu'il a consignés dans une plainte. Le sieur Verdelin a mis en usage toute sorte de voyes indirectes pour lui enlever son état : sont-ce-là les sentimens d'un Chrétien, d'un François ? Comment ! Le Souverain a prononcé l'affranchissement de ses peuples ; & un de ses Sujets veut y introduire l'esclavage : il veut étendre une loi dont il n'est pas lui-même en état de profiter. Efforts impuissans.

Il n'y a point d'esclaves en France ; le Christianisme a scellé cette maxime du Droit François : depuis plus de 500. ans l'esclavage est proscrit & inconnu parmi nous. Si des motifs particuliers ont déterminé le Souverain à se relâcher de cette maxime & à autoriser l'esclavage dans les Colonies, c'est une loi speciale pour ces pays-là, qui doit être restrainte dans ses justes bornes ; l'effet de cette loi n'excede pas le territoire pour lequel elle a été faite ; l'esclave qui le quitte n'est plus sujet de cette loi, l'exception cesse, il rentre dans le droit commun.

Quelle est la défense du sieur Verdelin ? qu'oppose-t-il à des principes si certains, à des conséquences si nécessaires ? une déclamation aussi gratuite que déplacée, & à la faveur de laquelle il a tenté d'excuser ses fausses démarches ; il traite de témérité punissable la Requête par laquelle Boucaux, du fond des cachots, a cherché à faire entendre sa voix au Tribunal de la Justice. Quel peut être donc son aveuglement ? pense-t-il juger de ses Compatriotes par lui-même ? s'imagine-t-il que le cœur du François souffriroit tranquillement cette tyrannie sous laquelle il veut faire gemir son Negre ? Il doit être désabusé. Son crédit & sa fortune ne sont point des moyens assez puissans pour faire décider de l'état de Boucaux : c'est la Liberté qu'il attaque ; c'est elle-même qui se défend ; ce sont-là des armes ausquelles on ne peut opposer que la legislation.

Aussi est-ce en vain qu'il a essayé de porter atteinte au système de liberté qu'on lui a opposé. Forcé de le respecter, il a fait résider sa défense dans deux fins de non-recevoir ; la premiere tirée de l'Edit de 1685, & la seconde résultante de celui de 1716. Avant de les discuter il faut justifier Boucaux de ces faits injurieux & supposés que le sieur Verdelin débite à la Ville & à la Cour, & au moyen desquels il veut se mettre à l'abri des reproches que lui fait toute la Nation.

Boucaux n'est ni rebelle ni désobéïssant ; il ne méditoit point sa fuite : les deux premieres épithetes dont on a voulu le décorer, n'ont pour prétexte que le mariage qu'il a contracté & que l'on a présenté comme un tissu d'abus & de contraventions, & la demande qu'il a formée en Justice.

Le mariage de Boucaux est chose étrangere quant à présent : s'il étoit question de l'examiner, il ne seroit pas difficile de faire voir qu'on y a observé toutes les formalitez prescrites par nos Ordonnances, mais critique prématurée ; si le Negre est libre les Edits de 1685 & 1716 desquels le

B

Sieur Verdelin fait réfulter ces prétendus abus, ne font point les Loix qui doivent décider de la validité du mariage ; il faut faire juger la queftion d'Etat, & quand on la difcute le fieur Verdelin doit être muet fur ce point ; auffi s'eft-on reconnu non-recevable à traiter une pareille queftion : on a appellé à fon fecours le miniftere public, foible reffource !

La Requête que Boucaux a prefentée, & par laquelle il demande que l'on mette le fceau à la liberté qu'il a acquife par fon entrée en France ; cette Requête n'eft point un acte de rébellion, elle eft l'effet des impulfions de la nature qui fans ceffe parle dans le cœur de l'homme, & il faut être dépourvû de fes fentimens pour condamner une pareille démarche : d'ailleurs nous avons des Juges, ce font eux qui décideront fi elle eft témeraire ; mais jufques-là il faut la refpecter par la fource d'où elle dérive ; perfonne, encore moins un Chrétien, ne s'accoutume docilement à l'efclavage ; la liberté eft l'appanage des hommes ; fi des cas particuliers la leur font perdre, quand ils ont furmonté les obftacles, leur eft-il défendu de dénoncer à la Juftice celui qui veut la leur enlever.

A l'égard de cette fuite méditée, on fçait bien que c'eft fous ce prétexte que le Sieur Verdelin a furpris des ordres pour faire conftituer Boucaux dans les prifons ; mais il ne faut que rendre compte des circonftances dans lefquelles Boucaux a été arrêté, pour faire difparoître cette chimere. Boucaux étoit à remplir les devoirs de fon état, il préparoit le dîné du Sr Verdelin, enfin c'eft dans fa cuifine qu'il eft arrêté ; il en avoit été prévenu, il ne tenoit qu'à lui de fe fouftraire, cela ne lui eut point été difficile, mais fon innocence lui a interdit cette reffource.

Il faut donc écarter toute cette déclamation ; on a voulu rendre Boucaux défavorable, & il a crû devoir entrer dans ce détail pour fe juftifier aux yeux des Miniftres, des Magiftrats & du Public. Examinons maintenant les deux fins de non-recevoir du Sieur Verdelin.

PREMIERE FIN DE NON-RECEVOIR.

L'Edit de 1685 eft une exception à cette maxime du Droit François, que tout efclave qui vient en France y acquiert fa liberté ; cet Edit conftitue l'efclavage de maniere qu'il imprime un caractere indélebile, il fuit par-tout l'efclave de telle forte que quelque part qu'il aille il ne quitte point fon état ; c'eft l'avis des Auteurs qui ont écrit depuis 1685 & avant 1716. Me Eufebe de Lorriere dans fes Notes fur Me Loyfel a décidé la queftion *in terminis*, au moyen de quoi il faut écarter toutes les autoritez que l'on oppofe ; parce que ces Auteurs écrivoient avant 1685. Inutilement voudroit-on renfermer la Loi dans le territoire maritime, c'eft attaquer la Legiflation ; comment l'empreinte de cette Loi pourroit-elle s'effacer aux approches de la Loi même.

REPONSE.

On eft forcé de rendre hommage aux maximes du Royaume, & en même-tems on convient que l'Edit de 1685 eft une exception : or il eft certain dans le principe qu'une exception ne peut être étenduë d'un cas à un autre ; elle ne peut s'appliquer à toute forte d'objets ; il faut la renfermer dans ceux qui lui ont donné l'être : c'eſt un principe qui n'a jamais eſſuyé une contradiction raiſonnable.

Pour connoître l'effet que doit produire l'exception introduite par l'Edit de 1685, il faut diſcuter les motifs qui l'ont déterminée ; & c'eſt ſur quoi les Parties ſont d'accord : l'utilité du Commerce, l'éclat & l'abondance du Royaume, objets qui ont trouvé tant de faveur auprès du Souverain : qu'on ſe rappelle les motifs expliqués dans les préambules des Lettres Patentes qui ont procuré l'établiſſement dans les Colonies : c'eſt-là ce qui doit regler l'effet de l'exception qu'invoque le ſieur Verdelin.

Par cet Edit le Legiſlateur a dérogé aux maximes du Royaume, mais il n'y a dérogé qu'en faveur des Colonies ; ainſi l'exception que cet Edit renferme ne peut s'appliquer qu'aux Colonies ; les Negres qui viennent dans les Colonies, ne continuent d'être eſclaves que par la force de cette exception, & dès qu'ils ont franchi cet obſtacle ; ils deviennent libres, parce qu'ils ceſſent d'être dans le cas indiqué par la Loi ; auſſi eſt-ce dans ces pays-là ſeulement que l'Edit de 1685 eſt en vigueur, parce que le Souverain n'a eu qu'eux en vuë.

S'il en pouvoit être autrement, ce ſeroit en vain que nos Rois auroient rendu à leurs Sujets leur liberté naturelle ; avec l'Edit de 1685 on perpétueroit l'eſclavage, on l'étendroit au-delà des Colonies ; on verroit des eſclaves dans le ſein du Royaume, ce qui eſt bien contraire à leurs intentions. Les Negres ne ſont eſclaves dans les Colonies, que par leur deſtination, ils doivent cultiver les denrées qui y croiſſent. Eux ſeuls propres à ces operations, le Roi a crû devoir ne pas les dégager de leurs fers pour mieux les contenir dans leur devoir, par la crainte de la ceſſation du Commerce, dont l'utilité a été ſon ſeul objet.

L'Edit de 1685 eſt la Loi qui impoſe cet eſclavage : de prétendre que cette Loi ſuive l'eſclavage par tout, & qu'elle lui impoſe un caractere indelebile, c'eſt donner plus de force à la fiction qu'à la Loi-même : il faut donc renfermer cette Loi dans le Pays maritime, auquel ſeul elle peut s'appliquer, puiſque c'eſt en ſa faveur qu'elle a été introduite : l'Edit eſt conçu en termes négatifs, & de là il eſt conſéquent que ſans cette Loi les Negres ſeroient libres ; donc n'étant plus ſoumis à cette Loi, on ne peut leur oppoſer l'exception qu'elle renferme.

Ce n'eſt pas que l'on veuille porter atteinte à l'étendue de la Souveraineté du Légiſlateur, mais c'eſt que le droit univerſel de ſon Royaume eſt qu'il n'y a point d'eſclaves ; s'il y en a en vertu de l'exception qu'il a bien voulu accorder, l'exception ceſſant, les choſes rentrent dans leur état naturel.

Pour achever de ſe convaincre que l'Edit de 1685 eſt une exception au Droit commun, & qu'il ne peut s'étendre au-delà du Pays maritime pour lequel il a été introduit, il ne faut que conſiderer l'Edit de 1716. Par celui de 1685 l'eſclavage des Negres des Colonies eſt perpétué ; dès qu'ils quittent ces climats, ils rompent leurs chaînes : les habitans des Colonies qui les amenent en France dans des vues auſſi légitimes que celles exprimées dans le préambule de l'Edit de 1716, veulent les empêcher de recouvrer leur liberté, & de profiter de notre maxime de Droit François ; Eſt-ce l'Edit de

1685, est-ce cette Loi, qui suivant le sieur Verdelin, suit l'esclave par-tout, qui forme une obstacle à leur liberté? non certainement, il a fallu recourir à l'autorité du Souverain, on a eu besoin d'une autre Loi qui dérogeât à ce privilege : c'est dans ces circonstances qu'a paru l'Edit de 1716 ; c'est-là la Loi qui perpétue l'esclavage des Negres des Colonies, & non pas l'Edit de 1685.

Inutilement pour se soustraire à cette conséquence, le sieur Verdelin prétend-il que l'Edit de 1716 n'a point été fait pour empêcher les esclaves d'acquerir leur liberté, mais seulement pour calmer les inquiétudes & les craintes des habitans des Colonies ; c'est aussi mal-à-propos que pour soutenir cette proposition il invoque l'art. 5, qui porte que les esclaves ne pourront être libres, & qu'ils seront tenus de retourner quand leurs Maîtres le jugeront à propos.

C'est une subtilité qu'il est facile d'écarter ; en effet si l'Edit de 1716 n'étoit point contre la liberté, il étoit inutile de prescrire des formalités, dont la scrupuleuse observation mît les Maîtres en état de conserver leur droit sur leurs Negres ; il étoit bien plus simple de déclarer que les esclaves des Colonies ne devenoient point libres par leur entrée en France : mais telle n'étoit point l'intention du Législateur : on lui présente des prétextes légitimes, à la faveur desquels on veut perpetuer l'esclavage, il a bien de la peine à se relâcher des maximes de son Royaume, enfin il s'y détermine mais c'est en imposant ax Maîtres des conditions & des formalités si essentielles, que faute de les observer, il prononce la liberté des esclaves.

Il est donc constant que cessant l'Edit de 1716, l'esclave acquiert sa liberté, autrement cette Loi seroit illusoire : inutile, si l'esclave ne peut pas devenir libre en entrant en France, inutile de tant de précautions pour l'empêcher de jouir d'un droit qu'il ne peut pas acquerir : quand l'article 5 dit que les esclaves ne pourront prétendre être libres, c'est quand les Maîtres auront observé les formalités que les articles précedens prescrivent : alors le Maître s'étant mis en régle, & conformé aux intentions du Roi, l'esclave trouve dans l'Edit de 1716 une seconde exception, il reste sous la puissance de son Maître, qui peut le forcer de retourner dans les Colonies.

Que devient après cela la distinction chimerique qu'a fait le sieur Verdelin entre les motifs de l'Edit de 1685, & son effet? Les motifs, (dit le sieur Verdelin,) constituent l'esclavage dans la personne du Negre : à l'égard de l'effet, c'est de l'attacher, de l'imprimer sur l'esclave, de telle sorte qu'il ne le quitte jamais. L'Edit de 1716 proscrit un pareil systême. L'Edit de 1685 doit être renfermé dans l'objet pour lequel il a été fait, & au-delà duquel il ne peut être étendu ; il ne suffit point pour perpetuer l'esclavage en France, il a fallu que l'Edit de 1716 vînt à son secours, sans cela l'esclave devenoit libre, il profitoit de tous les avantages que lui présentoient les Loix du Royaume.

De toutes ces reflexions, il résulte que l'Edit de 1685 est une exception au Droit commun, que cette exception ne peut être appliquée à d'autres objets, qu'à ceux en faveur desquels elle a été introduite, & que l'esclavage que cet Edit autorise n'est relatif qu'aux motifs qui l'ont déterminé, & par conséquent ne fait point sur le Negre une impression qui ne puisse s'effacer facerà l'aspect des rayons de cette couronne de gloire & de liberté qui éclaire le Royaume.

Les Auteurs que le sieur Verdelin a cités se réduisent à un ; cependant, selon lui, tous les Auteurs qui ont écrit depuis 1685, ont décidé la question en sa faveur ; & c'est un degré de supériorité qu'il a sur son Adversaire, qui se présente sans autorité pour ranimer une chimere de liberté.

Son triomphe ne sera pas de longue durée, le Jurisconsulte François qui a trouvé grace auprès de lui convient qu'il n'y a d'autre esclavage en France que celui que l'utilité du commerce a autorisé dans les Colonies, & qui est fixé par l'Edit de 1685 ; aussi, suivant le systême de cet Auteur, tout esclave qui a atteint les marches de ce Royaume acquiert sa liberté ; le Sr Verdelin convient que l'Edit de 1685 est une exception ; ainsi après avoir expliqué l'effet de cette exception, il résulte du systême même du Sr Verdelin que Boucaux a recouvré sa liberté en quittant les Colonies ; la notte qu'il invoque pour affoiblir cette conséquence, est conçue en termes trop vagues pour avoir ici quelque poids ; mais il y a plus, c'est qu'en la supposant aussi précise que l'annonce le Sieur Verdelin, on peut dire sans risquer d'être taxé d'ingratitude qu'elle ne décideroit rien ; en effet Me Eusebe de Lauriere a pensé que l'Edit de 1685 suivoit par-tout le Negre sur lequel il avoit imprimé l'esclavage, & que l'esclave qui venoit des Colonies en France ne pouvoit prétendre sa liberté. Eh bien ! Mr de Lauriere s'est trompé, l'Edit de 1716 le justifie, puisque, ainsi qu'on vient de le démontrer, sans cet Edit celui de 1685 étoit sans effet hors le pays maritime ; & si Boucaux se présente sans autorité depuis 1685, c'est que où les Maîtres fideles Observateurs des Loix de l'Etat, se sont conformés aux intentions du Souverain & se sont mis en état de profiter de sa grace, ou bien c'est que jamais personne n'a été assez téméraire pour élever une pareille question ; & les Maîtres intimement convaincus de l'abus qu'ils faisoient de la Loi, se sont rendu justice à eux-mêmes.

Au contraire les autoritez que Boucaux employe trouvent ici une juste application, elles sont d'accord sur cette maxime de Droit François que le Sr Verdelin ne respecte que pour l'attaquer ; on n'avoit pas prévû alors l'exception, mais la maxime & la conséquence qui en résulte n'en sont pas moins certaines ; tout ce qu'il y a, c'est que toutes les fois qu'on se trouvera dans le cas de proposer avec succès l'exception, ces autoritez seront muettes, & dès que l'exception cesse elles reprennent leur vigueur ; la maxime décide la question, & alors la liberté fait valoir tous ses droits.

Il n'en faut pas davantage pour faire disparoître les nuages que le Sieur Verdelin a affecté de répandre sur le systême de liberté Françoise, afin de donner plus de force à sa premiere fin de non-recevoir ; il ne doit pas se flatter qu'elle soit écoutée : tous les hommes sont libres en France, nos mœurs, notre Religion en ont proscrit l'esclavage ; admettre le systême du Sieur Verdelin, ce seroit renverser des principes si respectables & si certains ; l'Edit de 1685 n'est qu'une exception à ces principes, elle ne peut avoir lieu hors des motifs qui l'ont enfantée, c'est dans le pays maritime qu'il faut la renfermer, & par conséquent Boucaux esclave dans les Colonies par la force de cette exception, en les quittant a fait revivre ce point

C

de Droit Public, il est en état de s'adapter toutes les autoritez qu'il a rapportées; quand l'exception cesse il faut que la liberté triomphe.

DEUXIEME FIN DE NON-RECEVOIR.

Je suis (dit le Sr Vederdin) dans le cas de profiter de la grace accordée par l'Edit de 1716, je me trouve dans les motifs de la Loi, j'ai fait instruire mon Negre dans la religion Catholique, il a acquis des talens utiles à la vie, j'ai rempli toutes les formalitez, je possede des habitations dans les Colonies, ainsi à tous égards je me trouve en état de faire valoir cette Loi, pour écarter ces prestiges de liberté dont vous êtes aveuglé.

RÉPONSES.

C'est ici le point le plus important de cette cause; l'Edit de 1685 renfermé dans ses justes bornes, l'esclave qui passe des Colonies en France, acquiert sa liberté, cependant les habitans remontrent au Roi qu'ils veulent amener leurs Negres pour les faire mieux instruire de notre Religion, & pour leur faire apprendre en même tems un Art ou un Métier dont les Colonies recevroient beaucoup d'utilité par le retour de ces esclaves; leurs véritables motifs ne sont pas ceux qu'ils lui presentent, c'est au contraire le faste & l'ambition, de maniere qu'ils tentent le Souverain, ils feignent de craindre que ces esclaves ne prétendent la liberté.

Quelle est la Loi que le Souverain donne sur ces representations, décide-t'il que ces esclaves ne peuvent devenir libres par leur entrée en France; il s'en faut de beaucoup; il rappelle ces motifs dans l'article 2, & veut que les habitans des Colonies ou Officiers employés sur l'état d'icelles, qui voudront amener en France avec eux des Negres en qualité de domestiques, ou autrement, pour les fortifier davantage dans notre Religion, & pour leur apprendre en même tems un art ou un métier, dont les Colonies puissent recevoir quelque utilité par le retour de ces esclaves, soient tenus d'en obtenir la permission des Gouverneurs Généraux des Isles, laquelle permission contiendra le nom du Proprietaire, celui des Esclaves, leur âge & leur signalement; les articles 3 & 4 prescrivent encore d'autres formalités; & ensuite l'article 5 dit que lesdits Esclaves ne pourront prétendre leur liberté.

Ainsi aux termes de cet Edit, pour pouvoir meriter la grace que le Prince accorde en observant les formalités qu'il commande, il faut être dans les motifs de la Loi; c'est ici une disposition de droit étroit, en matiere de liberté où d'un côté tout est de rigueur, & de l'autre si favorable, que dans le doute il faudroit décider en faveur de la liberté.

Quand on veut amener ses Negres en France, & que l'on veut conserver sur eux le droit que donne l'Edit de 1685, il faut d'abord que ce soit dans la vûe de les faire instruire de notre Religion, *& de leur faire apprendre en même tems* un art ou un métier; tout cela remonte au principe de l'esclavage dans les Colonies, l'utilité du Commerce, l'éclat & la splendeur du Royaume.

Or, quand le Sieur Verdelin ou la Dame son Epouse ont amené Boucaux en France, étoit-ce pour lui faire apprendre un métier ? se sont-ils conformés aux intentions du Legislateur ? Rien moins que tout cela; ils ont fait de Boucaux leur domestique; depuis près de dix années qu'il est en France, il n'a appris aucun art, aucun métier; en vain le Sieur Verdelin voudroit-il exciper de ces prétendus talens utiles à la vie, il ne faut que les proposer pour faire voir le ridicule de son excuse. Boucaux est, dit-on, bon Cuisinier; il faut même lui rendre justice; il a des talens peu communs. C'est, on le dit avec confiance, un abus formel & caractérisé de la Loi.

Quelle est donc l'utilité que les Colonies retireront de ces prétendus talens; l'utilité est personnelle au Sieur Verdelin; c'est pour satisfaire son goût & sa sensualité; & jamais il ne se justifiera sur ce point, en alleguant qu'il n'y a que les Noirs qui soient propres pour la cuisine, & que les Blancs ne peuvent résister au feu. Excuse frivole, les Blancs seroient susceptibles de ces sortes de travaux, si les habitans des Isles vouloient ne pas étendre sur eux cette autorité que leur défere l'Edit de 1685, inutile d'entrer dans une plus grande dissertation, pour prouver que ce que le Sieur Verdelin appelle se conformer aux volontés du Législateur, n'est autre chose que l'abus de la Loi pour se dispenser d'y obéir.

D'ailleurs les habitans des Isles ne sont pas les maîtres d'employer leurs Negres à toute sorte d'état de domesticité; l'Edit porte à la verité, art. 2, qu'ils peuvent les amener en qualité de domestiques ou autrement; mais c'est une qualité pour le voyage : il porte bien précisément en parlant d'eux, *les Negres que l'on entretient dans les Colonies pour la culture des terres*, ils peuvent les amener en telle qualité que bon leur semble, mais pourquoi faire? à quelle fin? Pour leur faire apprendre en même tems un art ou un métier. Ainsi à quelque titre que ce soit que le Negre passe en France, il faut que ce soit dans ce point de vûë; autrement on n'est point dans le vœu de la Loi, & par-là on est indigne de profiter de la grace qu'elle accorde.

Il y a plus; c'est que le sieur Verdelin n'est pas susceptible du privilege qu'il reclame; l'article 15 explique cette réflexion; il porte que les habitans qui voudront s'établir en France seront tenus un an après qu'ils auront cessé d'être Colons, de renvoyer les esclaves qu'ils auront envoyés ou amenés en France, les Officiers des Colonies sont compris dans la même disposition. Qu'il soit permis de le repeter; plus on examine tous les Edits & Declarations qui traitent de l'état & de la condition des Negres, plus on est convaincu que le seul objet de toutes ces Loix, est l'utilité du Commerce.

D'après les termes dans lesquels cet article est conçu il résulte que le Souverain n'a eu intention de gratifier que cet habitant des Isles qui contribuë à rendre le commerce florissant, que les Officiers préposés dans les mêmes Colonies à y maintenir le bon ordre & y administrer la Justice, & par-là y entretenir cette économie, cette douce tranquillité si nécessaires au soûtien du commerce. Il n'y a donc que ceux, qui, par une demeure fixe & certaine dans les Colonies, remplissent ces differens états, qui puissent invoquer l'exception que renferme l'Edit de 1716.

Or le sieur Verdelin n'est ni habitant, ni Officier des Colonies; il n'en a même jamais été le Colon ; il a perpetuellement demeuré en France, les places qu'il y a remplies y fixoient son domicile; la charge dont il est revêtu y necessite sa demeure : Maréchal des Logis, des Camps & Armées de France, il ne peut s'absenter sans la permission du Roi; & c'est avec cette permission qu'il peut, (comme il l'a fort bien dit,) aller faire des voyages dans les Colonies, comme toute autre Personne qui iroit voir ses biens de Province ; mais toujours certain que le domicile du sieur Verdelin est Paris, il n'en a jamais eu d'autre, & il est actuellement dans le cas de ne pouvoir s'en donner un autre.

En vain le sieur Verdelin prétend-il que pour pouvoir lui opposer cet art. 15 il faudroit qu'il eût vendu ses Habitations, que c'est-là la condition de la Loi prononcée par cet article : or il possede des habitations, elles ne sont point vendues, & par conséquent objection qui tombe d'elle-même.

1°. Le sieur Verdelin se trompe quand il avance qu'il a des Habitations dans les Colonies ; il a à la verité épousé la Veuve d'un Officier qui y avoit des Habitations, mais lui il n'en possede aucunes, il a tout au plus été avantagé par la Dame Charite d'une part d'enfant ; or la Dame Verdelin étoit Veuve avec dix enfans quand elle a épousé le sieur Verdelin, ainsi tout ce fracas, ce faste de proprieté d'Habitations dans les Colonies se réduit à un dixiéme.

2°. On lui suppose cette proprieté si étendue, & il ne s'ensuivra point de là qu'il soit dans le cas de la Loi, l'Edit porte, *Habitans & Officiers* ; ainsi ce n'est point une Personne à qui par succession ou autrement il seroit avenu une portion de proprieté, & qui cependant auroit toujours demeuré en un autre endroit du Royaume, & continueroit d'y faire sa demeure : c'est le domicilié des Colonies, cet habitant qui y fait le commerce. Et quand l'Edit parle de vente, il faut ici ne point confondre ; il est dit pour les Habitans, un an après qu'ils auront vendu ; & les Officiers, après qu'ils auront cessé d'être sur l'Etat des Colonies : ainsi cet Habitant qui viendroit en France, & qui n'auroit point vendu ses Habitations, est réputé avoir conservé l'esprit de retour, au moyen de quoi il faut qu'il vende ses Habitations pour cesser d'être Colon, parce que le seul objet de sa demeure dans les Colonies, est les Habitations qui donnent lieu à ce Commerce.

A l'égard de l'Officier, il n'en est pas de même ; il ne commerce point, & le seul bien qu'il puisse acquerir dans ces Pays matitimes, ce sont des Habitations, qui souvent font la meilleure partie de sa fortune : or dès qu'il cesse d'être Officier, dès qu'il ne remplit plus une place dont la fonction soit utile au Commerce des Colonies, il ne peut plus profiter de l'exception introduite par l'Edit de 1716, néanmoins il est toujours proprietaire d'Habitations ; mais il ne concoure plus à l'utilité du Commerce ; & par-là il n'est plus dans le motif de la Loi, & par conséquent incapable de ses effets.

Ainsi il est bien prouvé que le sieur Verdelin ne peut point ici opposer à Boucaux l'Edit de 1716 ; il n'est point celui que le Souverain a voulu gratifier, il n'est ni Habitant ni Officier des Colonies, l'article 15 le prive de tous les avantages qu'il voudroit tirer de la Loi.

Mais on va plus loin : on suppose que le sieur Verdelin soit dans les motifs

tifs dans le Vû de l'Edit de 1716, qu'il est capable d'invoquer l'exception qu'il renferme, enfin qu'il peut se l'appliquer : il faut voir si du moins il a observé toutes les formalités prescrites par cette Loi. L'article 2 veut que les Habitans soient tenus d'obtenir la permission du Gouverneur ou Commandant des Isles, & que cette permission contienne le nom du Propriétaire, celui de l'esclave, son âge & son signalement. L'article 3 porte que les Propriétaires seront obligés de faire enregistrer cette permission au Greffe de la Jurisdiction de leur résidence avant leur départ, & en celui de l'Amirauté du lieu du débarquement dans huitaine après leur arrivée en France. Et quand les Maîtres ont observé les formalités, l'article 5 dit que les esclaves ne pourront prétendre leur liberté, mais tenus de retourner quand leurs Maîtres le voudront, parce qu'alors ils n'ont d'autre volonté que leurs Maîtres.

Cette Loi est claire & précise, il ne s'agit que de sçavoir si le sieur Verdelin s'y est conformé; il paroit que le sieur Verdelin est arrivé en France au mois de Janvier 1729, & il a pris du Gouverneur en 1728 une Permission conçue en ces termes : *Il est permis au sieur Verdelin d'emmener deux de ses Negres en France. Fait au Cap*, signé *Chatenoye*. A l'égard des enregistremens, ils paroissent réguliers.

En mettant cette Permission vis-à-vis de l'article 2, il ne faut pas donner grande torture à son imagination, pour concevoir que le sieur Verdelin ne s'est point mis en regle, on sent aisément le motif de la nécessité de toutes ces formalités; comme faute d'observer ces formalités l'Edit prononce la liberté du Negre, pour lui opposer l'exception à cette liberté, il faut lui prouver qu'il est celui que l'on a déclaré au Gouverneur; autrement on seroit le maître d'éluder la loi, on feroit venir tous les Negres des Colonies, & quand chacun d'eux prétendroit être libre, on lui opposeroit une pareille Permission, & on lui diroit, vous êtes celui que j'ai déclaré; il auroit beau se récrier qu'il n'y est point nommé, qu'il n'y a ni son âge, ni son signalement, le Maître répondroit, n'importe, c'est vous que j'ai déclaré. Voilà les inconveniens qui résulteroient d'une pareille piece, si elle pouvoit avoir quelque poids : cependant pour gêner la liberté d'un homme, il faut qu'il soit nommé dans l'acte qui y sert d'obstacle, sans cela la liberté s'éleve, & anéantit un pareil acte.

Il ne seroit pas moins dangereux de dispenser du signalement; en effet deux Negres peuvent porter le même nom; si on ne les détaille pas tous deux par le signalement, chacun diroit, ce n'est pas moi que l'on a déclaré; il est bien vrai que je m'appelle un tel, mais rien ne prouve que ce soit un tel, de telle figure, de telle corporance : ainsi nombre infini d'inconvéniens; & quand même il n'y en auroit pas, ne suffit-il pas que l'Edit le prescrive ? Le premier pas qu'il faut faire c'est d'aller chez le Gouverneur lui déclarer ses Negres par nom, âge & signalement, & prendre sa permission qui contient cette déclaration : les enregistremens prescrits par l'article suivant, quoique aussi de rigueur, ne sont qu'accessoires, il faut commencer par cette premiere formalité, autrement le reste devient inutile.

S'il est des matieres bien moins importantes où une virgule oubliée une fois seulement, forme un obstacle insurmontable à tous les avantages qu'on vouloit réclamer, à combien plus forte raison dans une cause où il s'agit de la liberté; tout doit y être de rigueur, il faut suivre la Loi à la lettre.

Le Sieur Verdelin se sentant extrémement pressé par cette objection, en fait deux pour prefenter quelque chofe qui puiffe approcher des formalitez qu'il reconnoît n'avoir pas obfervées; il dit d'abord, j'ai eu intention de renvoyer Boucaux dès que j'ai pris la permiffion du Gouverneur, le refte eft de fon fait, ainfi on ne peut en exciper contre moi. En fecond lieu (dit-il) vous convenez que c'eft moi qui vous ai amené, pour écarter ma permiffion vous argumentez contre moi que j'en ai amené cinq; à cela je réponds que la Dame de Verdelin en a amené trois, je vous oppofe fa permiffion; ainfi il eft conftant que vous êtes un de ces deux individus énoncés dans ma permiffion.

Il eft aifé de réfuter ces deux objections. Premiérement, ce n'eft point par des préfomptions que le Sieur Verdelin peut fe flatter que l'on accomplit une loi de rigueur; rien ici ne fe fupplée, la Loi n'eft point obfcure, elle ne prefente point d'équivoque qui puiffe donner lieu à quelque chofe d'équipollent à ce qu'elle prefcrit; ce n'eft point affez de l'intention, le Légiflateur veut un acte explicatif & déclaratif de votre intention, faute de cela il prononce la liberté du Negre; & il eft abfurde de prétendre que des formalitez que le Souverain impofe aux Maîtres des efclaves foient du fait du Gouverneur, le Sieur Verdelin a la faculté de l'appeller en garantie, ce fera à la verité un phénoméne, mais qui n'aura rien de furprenant après la maniere dont il foutient cette caufe.

Secondement, quand Boucaux eft convenu que le Sieur Verdelin l'avoit amené, c'eft que le Sieur Verdelin en tête de fes défenfes avoit fait donner copie de la permiffion des deux Négres; quoiqu'il en foit, il eft certain que les Negres que les Sieur & Dame Verdelin ont amenés en France font arrivés en 1729; il n'eft queftion que de fçavoir le tems de l'arrivée de chacun d'eux, & c'eft fur quoi font muettes toutes les pieces que rapporte le Sieur Verdelin; la permiffion de la Dame Verdelin ne répand aucunes lumieres pour effacer les nuages que prefente celle du Sieur Verdelin; en effet elle eft conçuë en ces termes: *Il eft permis à Madame Verdelin d'emmener tous fes Negres & Domeftiques en France. Fait au Cap, &c.*

Tels font les titres de l'efclavage de Boucaux; c'eft avec de pareilles piéces que le Sieur Verdelin veut lui enlever un droit naturel que les priviléges de la Nation lui déferent: quand il oppofe au fieur Verdelin fa permiffion pour juftifier de fa part que Boucaux eft un des deux individus qu'elle contient, il renvoye à celle de la Dame Verdelin, & c'eft un labyrinthe où il fe perd: il eft permis à la Dame Verdelin d'emmener tous fes Negres.

La faveur de la liberté, les fondemens de celle des François, peuvent-ils recevoir quelqu'atteinte par des pieces de cette nature ? On le repete: il n'y a que la legiflation qui puiffe y faire déroger; & quand cette legiflation impofe une loi pénale à ceux mêmes qui fe conforment à fes intentions; & que cette Loi n'eft point obfervée à la lettre, que l'on n'a que des préfomptions à y fubftituer, eft-ce l'efclavage qui doit triompher? Non fans doute; & la Loi y a pourvû; l'art. 5 finit en difant: *Mais faute d'obferver les formalitez prefcrites par les articles précedens, lefdits efclaves feront libres & ne pourront être reclamés.*

Voilà ce qui décide de l'état de Boucaux; le fieur Verdelin (en le fuppofant toûjours dans le vœu de la Loi) étoit le maître du fort de Boucaux; l'Edit de 1716 lui mettoit à la main des armes contre la liberté; il n'en a point fait ufage, & par-là il a prononcé lui-même la liberté de Boucaux.

C'eft inutilement que le fieur Verdelin voudroit exciper de l'enregiftrement au Greffe de la Juftice du Cap, de la permiffion de la Dame Verdelin, & lors duquel elle a déclaré trois Negres de l'un & de l'autre fexe; cette piece fe retorque avec fuccès au fieur Verdelin; il a amené deux Negres, la Dame Verdelin a amené tous les autres; dans la permiffion de l'un & de l'autre, point de dénomination; fi lors de l'enregiftrement on a décliné le nom de trois, cela prouve tout au plus qu'il a entendu conferver fur ces trois le droit que lui donne l'Edit de 1685; & par conféquent qu'il n'a point entendu gêner la liberté de tous les autres : ainfi cet enregiftrement ne peut être oppofé à Boucaux.

On finit par une obfervation tirée des termes de l'article 13 de l'Edit de 1716; on a fait voir que la condition que le Roi impofe à la faculté qu'il accorde aux Maîtres d'amener leurs Negres & de les conferver efclaves, eft de leur faire apprendre un art ou un métier dont les Colonies puiffent retirer quelque utilité par le retour de ces efclaves : il eft naturel d'en conclure que les Negres ne doivent refter en France que le tems convenable pour apprendre cet Art ou ce Métier, & c'eft ce qui paroît réfulter des termes dans lefquels eft conçu l'article 13. Il eft dit que les créanciers des Maîtres des efclaves Negres ne pourront les faire faifir en France pour le payement de leur dû, fauf aufdits créanciers à les faire faifir dans les Colonies dans la forme prefcrite par l'Edit de 1685.

Il faut donc que ces Negres retournent dans les Colonies, autrement il y auroit une injuftice criante dans cette difpofition, cela faciliteroit les faillites dans les Colonies, & expoferoit les Marchands de France qui deviendroient créanciers des Maîtres des Negres fur la foi du gage qu'ils ont fous leur main & que la Loi leur conferve; en effet un habitant des Colonies dont les affaires feroient dérangées, pafferoit en France avec 20 Negres (par exemple) qui feroient toute la fûreté de fes créanciers; il expoferoit au Gouverneur qu'il les amene en France pour leur faire apprendre un métier, & cependant y demeureroit dans une grande fécurité à l'abri des pourfuites de fes créanciers, y refteroit perpetuellement, & pourroit même traiter avec eux de leur liberté, & par-là les créanciers des Colonies fruftrés de leur gage, perdroient leurs créances.

L'inconvenient eft égal par rapport aux dettes que cet habitant pourroit contracter dans ces pays-ci, ainfi il faut convenir que cet article fert à prouver que l'intention du Legiflateur eft que le Negre ne vienne en France que pour apprendre un Art ou un Métier, & dès-là qu'il n'y peut refter que le tems convenable à cet effet.

Si Boucaux a cité l'exemple de Me Hamart, ce n'eft point pour prétendre prefenter fa conduite comme une regle certaine, mais comme une preuve de la conviction des habitans mêmes des Colonies, qui ne peuvent conferver l'efclavage fur leurs Negres en les faifant paffer en France, qu'en fe renfermant dans le vœu de l'Edit de 1716.

En vain le Sieur Verdelin prétend-il que c'eft ici une interprétation forcée que l'on donne à l'Edit qui ne limite aucun tems; cette objection eft d'autant plus déplacée qu'en rapprochant les motifs de l'Edit de 1716 avec les termes de l'article 13, il réfulte clairement qu'il n'eft pas permis de garder les Negres au-delà d'un intervalle de tems fuffifant pour fe former à quelque métier avantageux à la Colonie.

Or il y a près de dix ans que Boucaux eft en France, il a refté perpetuellement au fervice du Sieur Verdelin, on ne l'a pas mis à portée de procurer quelque utilité aux Colonies; ainsi quand le Sieur Verdelin seroit en regle du côté de la forme, il auroit perdu tous les avantages que presente l'exception renfermée dans l'Edit de 1716, en gardant Boucaux en France au-delà du terme raisonnable & par l'état de domesticité auquel il l'a emploïé, ce qui est diamétralement opposé aux motifs de la Loi & aux conditions de l'esclavage qu'il réclame.

La seconde fin de non-recevoir du Sieur Verdelin ne sera pas plus heureuse que la premiere; les maximes du Royaume décident en faveur de Boucaux; une premiere exception en suspendoit l'effet; mais dès qu'elle a cessé, la maxime est rentrée dans toute sa force, & Boucaux est en état de se l'appliquer; on se flatte de l'avoir démontré. L'Edit de 1716 formoit un second obstacle, mais le Sieur Verdelin n'est point dans le cas de l'opposer; il n'est point celui en faveur duquel il a été élevé, n'étant ni habitant, ni Officier des Colonies, ne s'étant point conformé aux intentions du Legislateur ni aux motifs de la Loi, il est incapable de profiter de la grace qu'elle accorde.

Quand tous ces objets seroient réunis dans la personne du sieur Verdelin, il n'a point rempli les formalitez prescrites par l'Edit de 1716; il n'a fait aucune déclaration; sa permission & celle de la Dame Verdelin ne peuvent point suppléer aux termes dans lesquels la Loi est conçuë: l'enregistrement de celle de la Dame Verdelin se retorque à notre adversaire avec succès; les formalitez prescrites par les articles 2, 3 & 4 de cet Edit sont toutes de rigueur, il n'autorise rien d'équipolent à ce qu'il ordonne; d'ailleurs le Sieur Verdelin n'est point celui que le Souverain a voulu favoriser, il n'est ni habitant ni Officier des Colonies: les voyages qu'il annonce qu'il a la liberté de faire, ne détermineront jamais son domicile, il ne faut que les exemples qu'il a cités pour confondre son systême; car enfin on ne regardera jamais comme un habitant des Colonies un Magistrat occupé à rendre la justice au peuple.

Tout s'eleve donc contre le Sieur Verdelin, tout au contraire milite pour Boucaux. Que l'on joigne à ces réflexions la faveur avec laquelle il se présente, le mariage qu'il a contracté, les esperances même certaines du fruit de son engagement: que de l'autre côté on envisage les tourmens que lui prépare l'Edit de 1685 s'il est rendu au Sieur Verdelin, tourmens ausquels il n'échaperoit point, & dont il ne résulte que trop souvent de tristes inconveniens.

Eclairé par les sentimens de la nature, par les principes du Christianisme qui a été la source de l'affranchissement de toute la France; qui peut se refuser aux desirs de Boucaux! il reclame la liberté naturelle, il gémit encore actuellement dans les fers; double captivité: celui qui veut la perpetuer employe des armes qui deviennent impuissantes dans ses mains.

Boucaux paroît donc sous d'heureux auspices, favorisé du préjugé de la voix publique; tout s'interesse à sa défense. Le droit dans lequel il demande d'être rétabli, est appuyé sur les Constitutions de l'Etat, sur les Loix du Royaume: sans secours, sans appui, il n'a d'autre ressource que d'invoquer leurs suffrages, pour se conserver le droit d'une Cité, qui, comme dit Chopin, est *sacrosancta Civitas, quæ præbet omnibus libertatis atrium quoddam azilumque immunitatis.*

Me MALLET, Avocat.

De l'Imprimerie de CLAUDE SIMON, Pere, ruë des Massons. 1738.

1,893

www.ingramcontent.com/pod-product-compliance
Lightning Source LLC
Chambersburg PA
CBHW061612040426
42450CB00010B/2446